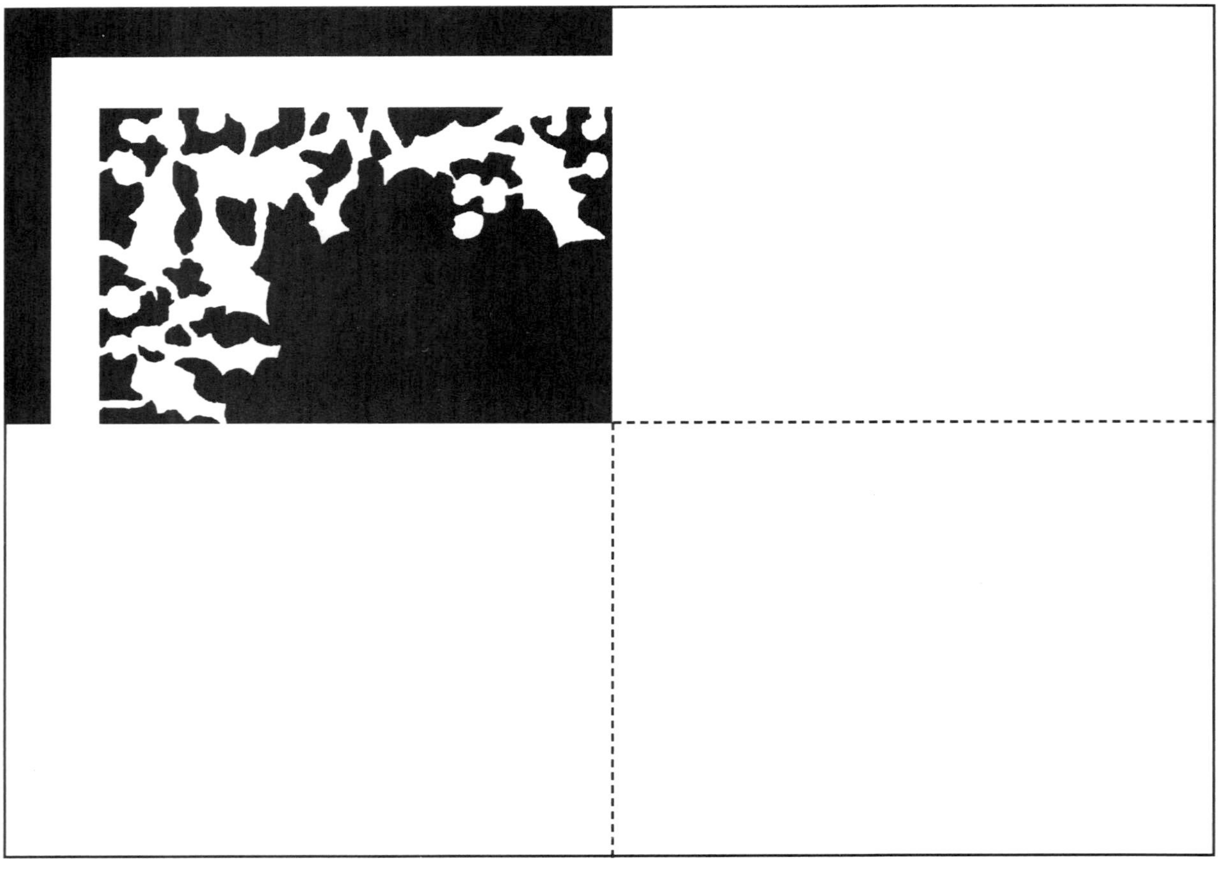

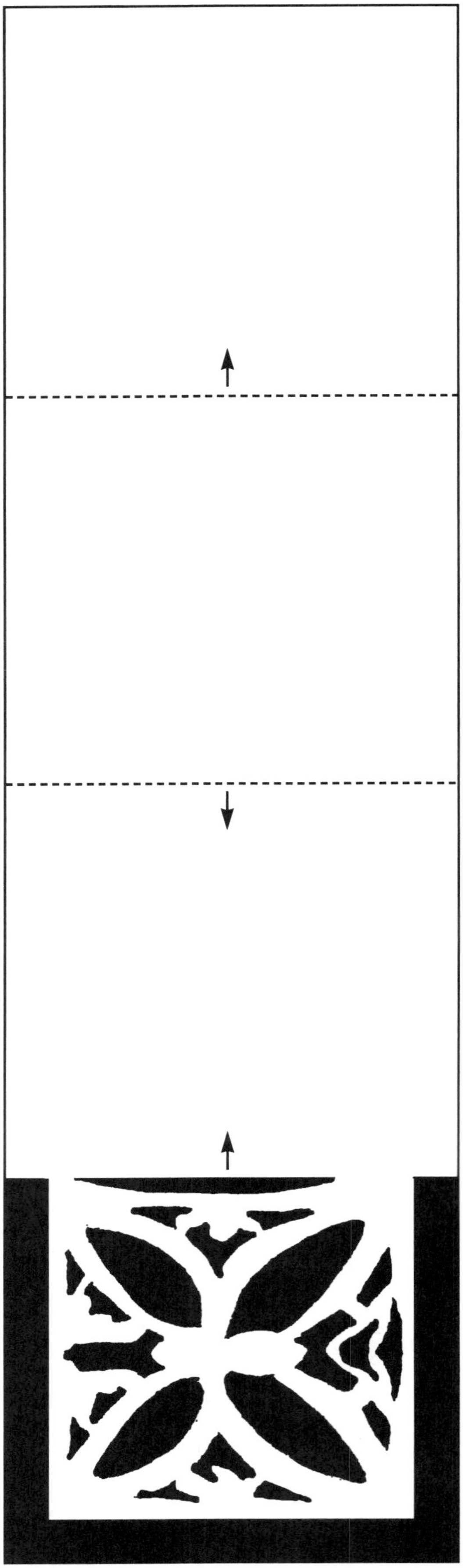

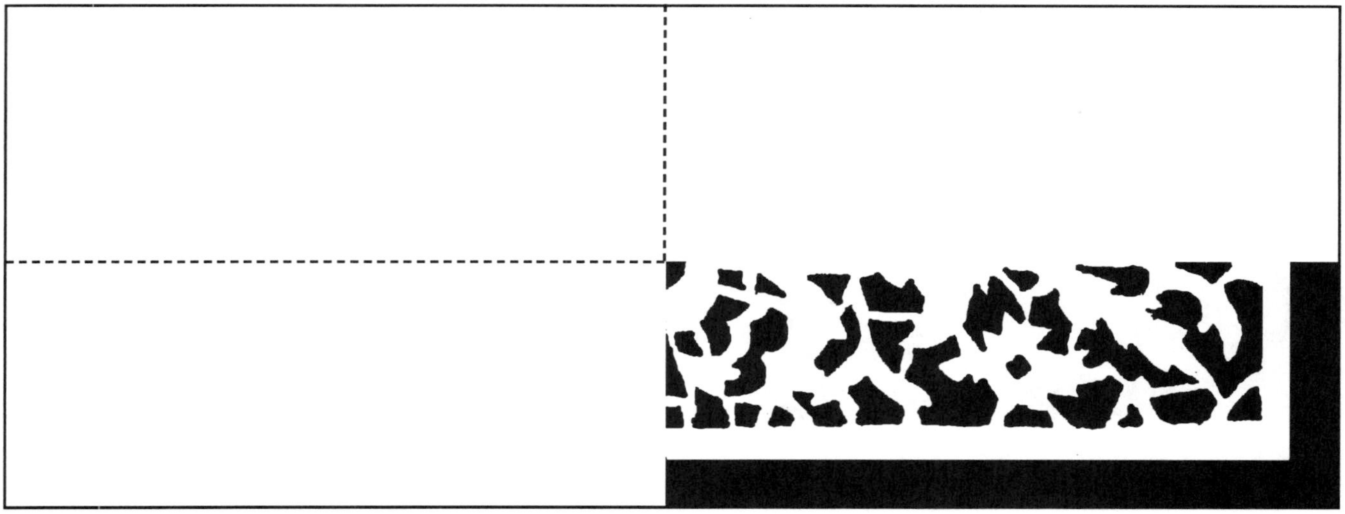

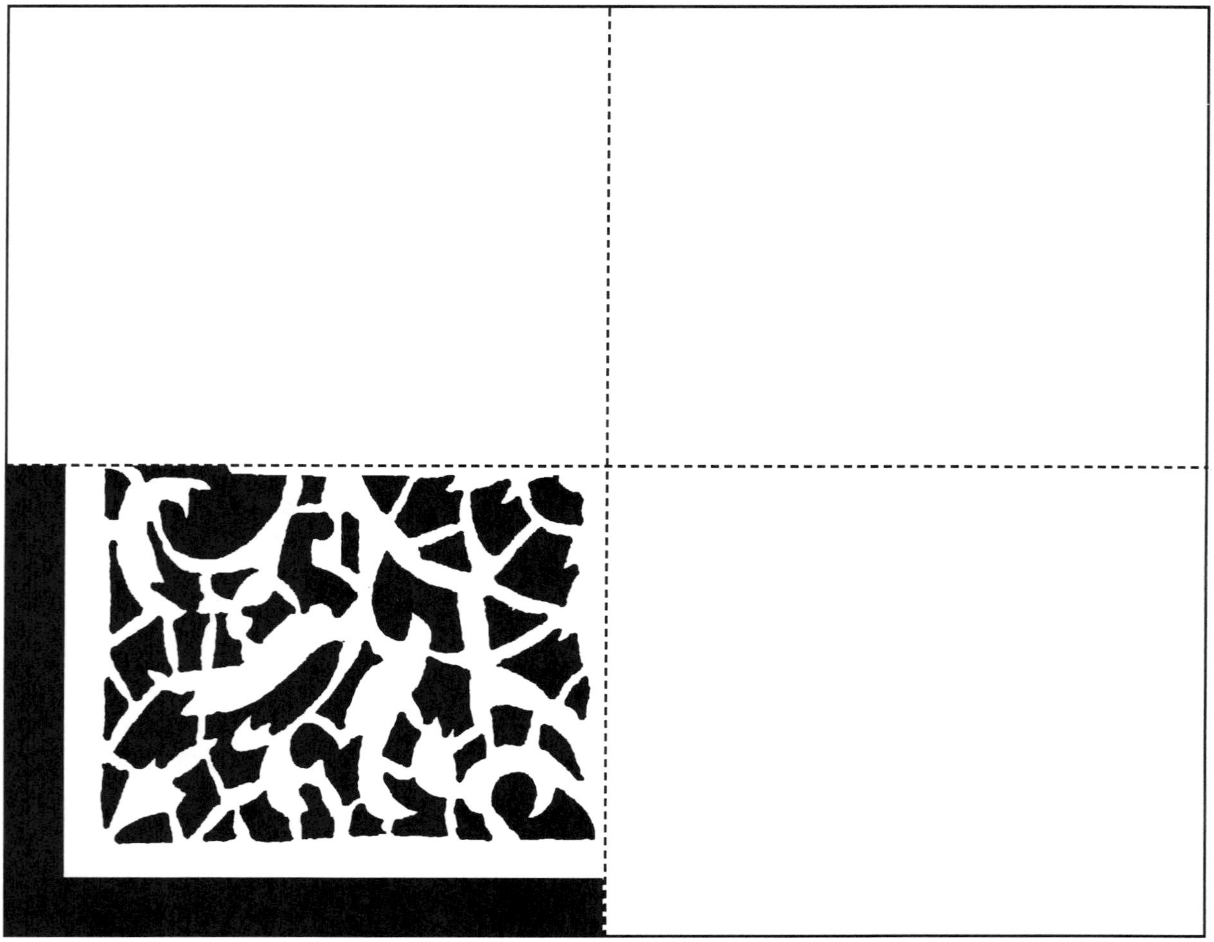

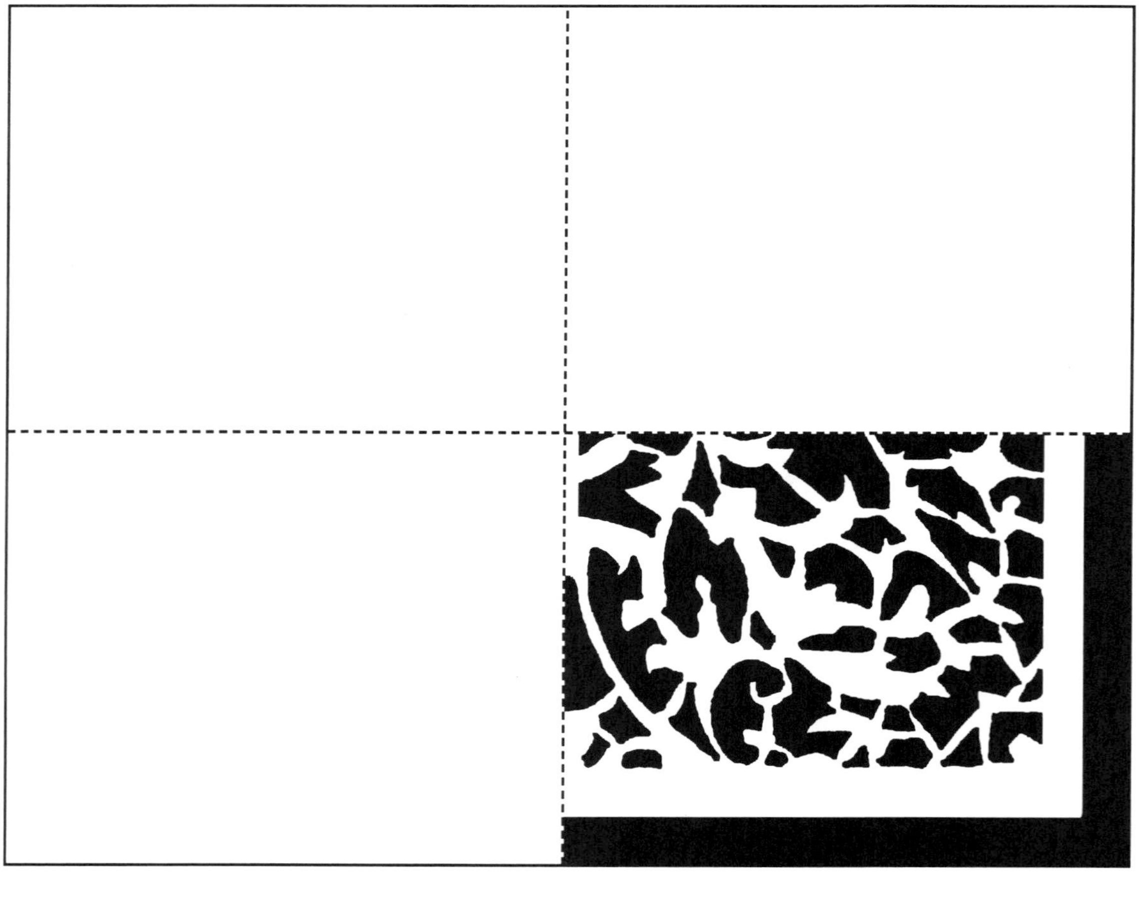

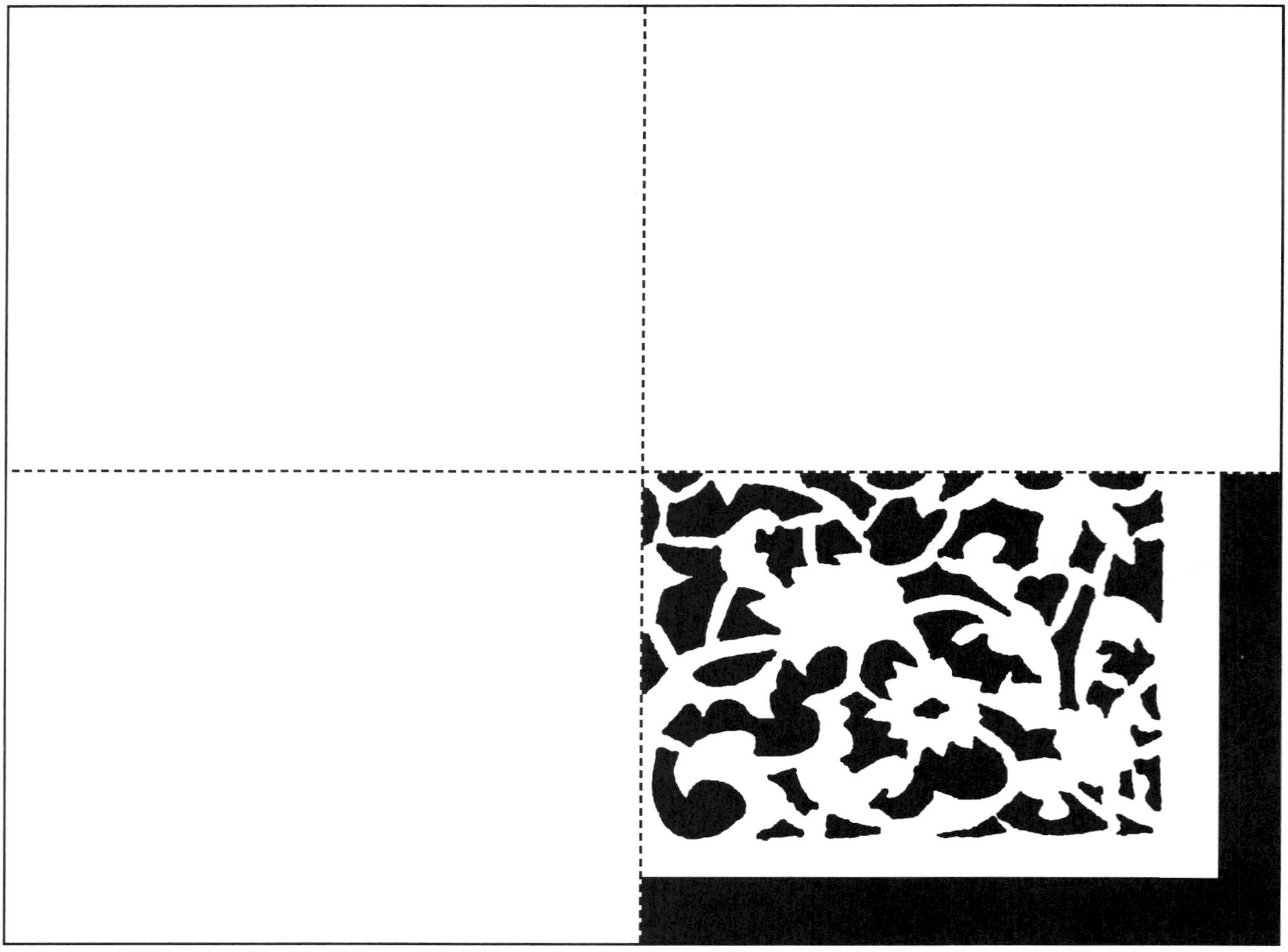

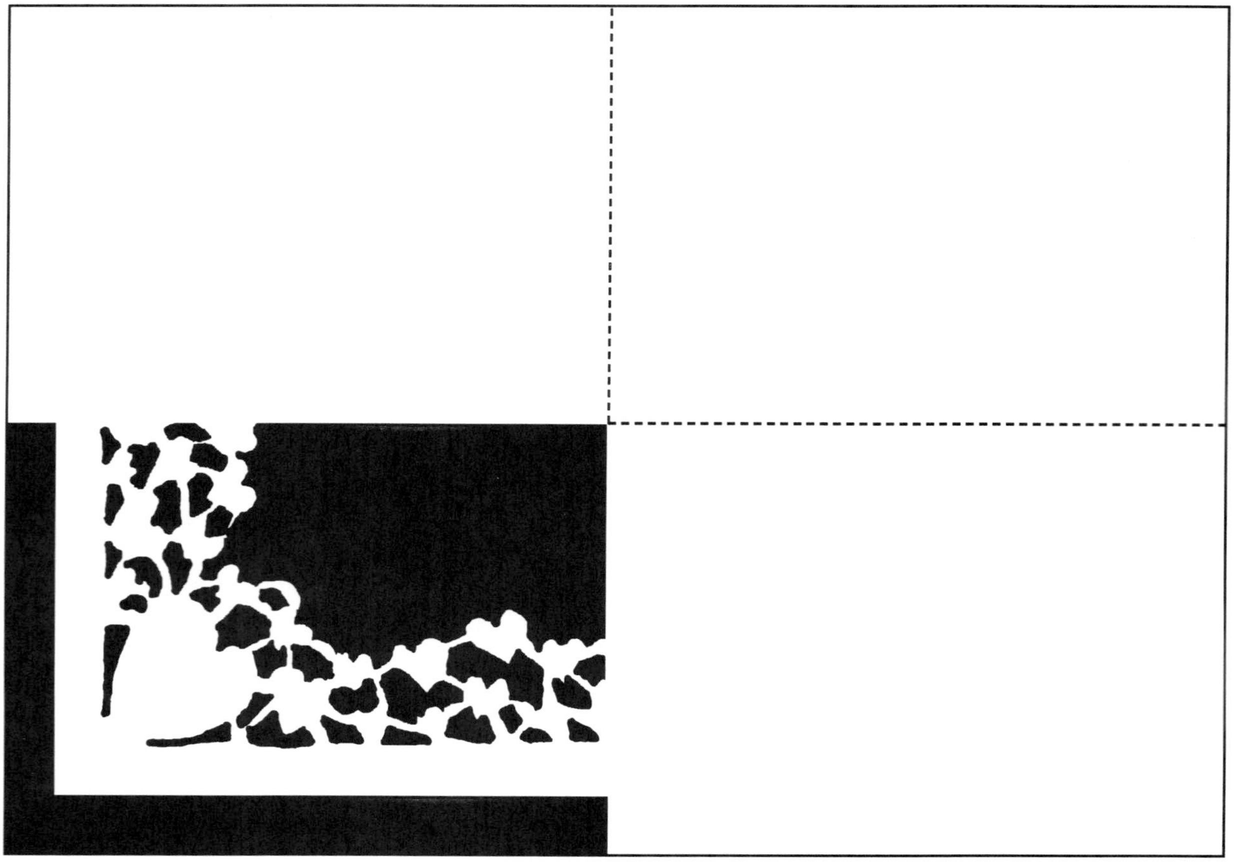

A

A

B

B

C

C

D

E

D

E